COLLECTION
FICHEBOOK

SAMUEL BECKETT

En attendant Godot

Fiche de lecture

Les Éditions du Cénacle

ISBN 978-2-36788-709-8

Dépôt légal : Janvier 2017

SOMMAIRE

BIOGRAPHIE

SAMUEL BECKETT

Samuel Beckett est né à Cooldrinagh dans le village de Foxrock, comté de Dublin, un vendredi saint, plus précisément le 13 avril 1906. Sa date de naissance le frappe au point de la mettre en scène dans quelques textes ; elle devient un élément symbolique. D'origine française, sa famille a fait fortune dans le commerce du tissu. Il grandit dans un milieu de moyenne bourgeoisie, protestante. Très tôt, le sport a une grande importance pour lui. Le domaine familial possède un court de tennis, il pratique également la course à pied, le rugby, la natation. De ce fait, Beckett entretient un rapport particulier au corps. En 1923, il entre au Trinity College à Dublin. Il étudie le français et l'italien. Il se prend alors de passion pour Dante dont la référence est omniprésente dans l'ensemble de ses œuvres. De 1928 à 1930, il devient lecteur à l'École normale supérieure et séjourne à Paris. Beckett se lie d'amitié avec quelques étudiants français et rencontre James Joyce. Il fréquente beaucoup la famille Joyce et la sœur de James, Lucia, tombe amoureuse de lui. En raison de sentiments qui ne sont pas partagés, Beckett est exilé quelque temps de ce cercle familial. Beckett s'est reconnu une vocation d'écrivain en rencontrant Joyce. En 1929, il rédige un essai « Dante… Bruno. Vico… Joyce publié dans le recueil critique *Our Exagmination Round His Factification for Incamination of Work in Progress* ». En 1930, il écrit un poème de quatre-vingt dix-huit vers sur Descartes et le temps appelé *Whoroscope*. Cette même année, il retourne à Dublin pour enseigner, mais sa trajectoire académique ouvre des tensions entre son désir d'écriture et son devoir d'enseignant. Sous l'influence de Joyce, Beckett rêve d'écrire une littérature épique qui se rapproche du roman Ulysse de celui qu'il admire tant. En 1931, il publie un essai sur Proust qui fait remarquer le rapport particulier dans ses écrits au temps et à la mémoire. En 1932, Beckett se décide à démissionner de son poste d'enseignant au Trinity College. De 1933 à 1937, il s'installe à Londres et vit dans le plus grand dénuement. Son premier roman date de 1932, mais il est publié à titre posthume en 1992. D'inspiration « joycienne », Beckett l'intitule *Dream of Fair to Middling Women* et mêle l'anglais, le français, l'italien et l'allemand. Entre 1933 et 1937, Beckett publie également ses premiers textes de fictions : *Bande et Sarabande* en 1934 (en anglais : *More Pricks than Kicks*) et *Murphy* en 1938 qu'il traduit en français la même année. Il ne gagne pas un large public. Retourné en France en 1937, il s'y installe définitivement en 1939 et s'engage dans la Résistance. Il se réfugie dans le Vaucluse et se met à composer toutes ses œuvres dans un système bilingue. Par exemple, son roman *Watt*, dans lequel il développe la figure « clochardesque » de ses personnages et dont la rédaction date de 1942, est d'abord publié en anglais en 1953, puis en français en 1969. À partir de 1950, Beckett traduit systématiquement ses œuvres d'une langue à l'autre. C'est à cette même date, en août, que la mère de Beckett, May, meurt de la maladie de Parkinson. Pour Beckett, c'est une nouvelle épreuve. *Mercier et Camier* est le premier roman qu'il écrit directement en français, mais il n'est publié qu'en 1970 devant le refus des éditeurs. À la même époque, il rédige les Textes pour rien qui sont de courts passages en prose qui a priori n'ont aucun sens. Il marque dans cette œuvre une expérience de déconstruction du langage qui fait état de sa rupture avec sa langue maternelle pour écrire en français. Sa première pièce de théâtre, écrite en 1947, s'intitule *Eleutheria*, mais après toutes les difficultés rencontrées pour la mettre en scène, Beckett refuse toute sa vie de la faire publier. Beckett remporte son premier grand succès avec sa pièce de théâtre *En attendant Godot*, mise en scène par Roger Blin en 1952, puis traduite en anglais sous le titre de *Waiting for Godot* en 1956. Des années

1950 à 1960, les pièces de Beckett sont jouées sur les scènes françaises, anglaises et américaines. Leur diffusion est plus rapide que celle de ses romans. C'est après un tel triomphe au théâtre qu'il se lance dans la rédaction d'une trilogie romanesque : *Molloy* et *Malone meurt* en 1951 et *L'Innommable* en 1953, pour lesquels il emprunte nombre de ses souvenirs personnels. En 1955, il rédige des nouvelles, « L'Expulsé », « Le Calmant », et « La Fin », recueillies dans un même ouvrage : *Nouvelles et Textes pour rien*. Il écrit d'autres pièces : en 1957 *Fin de partie*, en 1959, *Dernière bande*, et traduit de l'anglais au français *Oh les beaux jours* (*Happy Days*) en 1962. Il écrit des pièces pour la radio, fasciné par l'innovation, et va jusqu'à réaliser un film : *Film*, en 1965. Beckett fait une dernière tentative romanesque en 1961, *Comment c'est*, en relation avec sa nouvelle *Compagnie* en 1979. Ce sont autant de textes de fictions à forme brève. C'est lorsqu'il accepte qu'il ne pourra rien produire en s'attachant à adopter un style identique à celui de Joyce qu'il libère son écriture. Il est devenu le pendant inverse de Joyce. Si ce dernier est un écrivain de l'immense et qu'il excelle dans cette largeur de l'écriture, Beckett comprend que son style étroit n'est pas ce qu'il a de pire, mais bel et bien son meilleur atout. Beckett se lance alors dans une écriture qui cultive la brièveté. Il assume son sentiment de médiocrité, sa frustration, et accède à une fécondité littéraire qui bouleverse la littérature française et anglaise. En 1969, il entre dans une phase de crise face à une notoriété qu'il ne parvient plus à gérer personnellement. Sa femme, avec qui il a noué une relation de complicité qui n'a rien des passions de sa jeunesse, l'aide beaucoup à s'en sortir. Le dernier texte publié de son vivant en 1989 s'intitule Comment dire et fait le point sur sa recherche d'une littérature dépouillée, radicale, en opposition avec l'écriture de Joyce. Sa femme et lui meurent la même année à Paris.

PRÉSENTATION DE EN ATTENDANT GODOT

En attendant Godot est achevé entre octobre 1948 et janvier 1949. L'intrigue de la pièce est minimaliste : deux hommes, Estragon et Vladimir, attendent sur une route au pied d'un arbre dépouillé un certain Godot dont ils pensent qu'il les sauvera. Deux autres personnages, Pozzo et Lucky, viennent leur tenir compagnie, mais Godot ne viendra jamais. D'après la correspondance de Beckett, on apprend qu'un tableau de Caspar David Friedrich, *Un homme et une femme contemplant la lune* ou bien *Deux hommes contemplant la lune* de 1819, inspire beaucoup les passages qui achèvent les deux actes de la pièce, lesquels ne sont pas divisés en scènes. On retrouve également dans cette pièce l'image des deux vagabonds de Yeats dans *Les Deux voyageurs* en 1942. Le salut et la damnation obsèdent les deux personnages tout au long de la pièce et c'est à travers une référence à Saint-Augustin et sa parabole des deux larrons que les lecteurs et spectateurs sont mis dans la confidence : « Ne désespère pas, un des larrons fut sauvé ; ne présume pas : un des larrons fut damné. » Les dialogues sont à la fois empruntés de réalisme et de la culture musicale et philosophique de Beckett. Les stichomythies, les chansons, les monologues récités, le long soliloque convoquent Descartes, Kant, ou encore Heidegger. Beckett puise le caractère de ses personnages dans l'image de la mendicité urbaine et de son expérience de la misère. Les personnages sont des rebuts de la société, des exilés, qui portent des noms cosmopolites mais errent sur les routes et dans les fossés. La tension dramatique est mise en place par Beckett à travers l'attente tout au long de la pièce d'un individu dont on ne sait rien, et qui provoque l'ennui désespérant d'Estragon et Vladimir ponctué de quelques tentatives d'échapper au sentiment de vacuité. L'originalité d'*En attendant Godot* tient dans la lutte contre le silence qui menace les personnages, le dramaturge matérialisant le silence qui aspire les personnages au rien.

La guerre a révélé à Beckett la réalité du silence, la matérialité d'un temps qui ne passe pas, qui s'éternise. C'est aussi après la guerre que Beckett sait ce qu'est l'incommodité matérielle (la manque de nourriture, les vêtements en lambeaux, les chaussures qui blessent les pieds) et l'inquiétude des lendemains. *En attendant Godot* s'inscrit dans les années de l'immédiat après-guerre. Jérôme Lindon s'engage à faire publier le texte aux éditions de Minuit tandis qu'à titre privé quelques personnes tentent de se cotiser pour que le spectacle voie le jour. Une telle émulation autour de la pièce suscite la curiosité du public et la conduit au succès.

RÉSUMÉ DE LA PIÈCE

Acte I

Le dialogue s'installe très vite. Il est introduit par de brèves didascalies qui nous informent de l'espace et du temps dans lesquels se déroule la scène, ainsi que par quelques notes succinctes sur ce que fait un des deux protagonistes, Estragon, au moment où entre Vladimir. Les personnages évoluent sur une « *route à la campagne* » le long de laquelle apparaît un arbre. Leur entrée se fait le « *soir* ». Estragon est représenté « *assis sur une pierre* », il essaie avec beaucoup d'efforts « *d'enlever sa chaussure* » et ne fait que ça : « *Il s'arrête, à bout de forces, se repose en haletant, recommence. Même jeu.* » Les indications scéniques sont omniprésentes bien qu'extrêmement courtes. Elles se placent généralement entre parenthèses et en italique à côté du nom du personnage et font état de leurs gestes, du ton de leur voix ou de leur humeur. Les deux personnages Vladimir et Estragon sont mis en scène l'un par rapport à l'autre et c'est à travers une scène de retrouvailles que nous les rencontrons. Vladimir s'approche d'Estragon : « Alors, te revoilà, toi », « Je suis content de te revoir ». Vladimir, expansif, veut l'embrasser mais Estragon refuse et remet le contact physique à plus tard « avec irritation ». Même vexé, Vladimir entame la discussion et lui demande où il a passé la nuit. Estragon lui répond « dans un fossé ». Les questions-réponses des deux personnages montrent leur complicité, en particulier lorsque Vladimir lui demande s'il s'est fait battre et s'il s'agissait des « mêmes » personnes. C'est après cette confidence que chaque réplique de l'un est en décalage avec la précédente de l'autre. Lorsqu'Estragon demande à Vladimir de l'aider pour sa chaussure, celui-ci continue son récit : « La main dans la main on se serait jeté en bas de la tour Eiffel. » Leur échange redevient stable lorsque l'un reprend la question de l'autre : « Tu as mal ? » demande Vladimir,

Estragon répond alors : « Mal ! Il me demande si j'ai mal ! »
Il commence par se faire mutuellement des petits reproches et
c'est ainsi qu'ils nourrissent tous deux leur conversation. Au
moment où Vladimir essaie de traduire ses pensées, il ôte son
chapeau, regarde dedans, et c'est à ce moment-là qu'Estragon
parvient enfin à enlever sa chaussure. Les deux personnages
focalisent alors leur attention sur la chaussure qui provoquait
les maux d'Estragon. Vladimir lui demande de la remettre,
mais il refuse et c'est alors que Vladimir cherche à nouveau
des idées dans son chapeau et fait référence à l'épisode des
deux larrons dans la Bible, dont un aurait été sauvé. Il demande à Estragon s'il a lu la Bible, mais lorsqu'il répond
« J'ai dû y jeter un coup d'œil » Vladimir le soupçonne de
confondre avec la prison « la Roquette ». Après avoir décrit « les cartes de la Terre sainte », Estragon avoue à Vladimir qu'il a été poète. Après quoi Vladimir oublie ce qui
les a conduit à cette révélation et revient sur le sujet de son
pied plutôt que de s'attarder sur la réponse d'Estragon tout
en continuant de réfléchir à ce qui était leur sujet de départ.
Lorsqu'il se souvient, il raconte l'histoire des deux larrons à
Estragon qui avait pourtant refusé catégoriquement de l'entendre. Estragon fait mine de partir, mais il continue d'écou-
ter et essaie même de comprendre. Les stichomythies créent
une tension entre les deux personnages qui essaient de se
faire entendre de l'autre. Après cela, Estragon en a assez et
demande à partir de cette route. Vladimir refuse parce qu'ils
« attend[ent] Godot ». Ils commencent alors à débattre pour
savoir s'il s'agit bien du bon endroit pour le rendez-vous. Ils
doutent que Godot vienne. Ils essaient de tromper l'ennui et
discutent de ce qu'ils ont pu faire la veille, mais leurs souvenirs sont flous, altérés par le temps : « Mais quel samedi ? Et
sommes-nous samedi ? » s'interroge Estragon. Pris de fatigue
par cet effort, Estragon s'endort et Vladimir, pris de solitude,

le réveille : « Gogo ! » Estragon le lui reproche puis lorsqu'il veut lui raconter son rêve, Vladimir le lui refuse faisant preuve de violence pour la première fois : « NE LE RA-CONTE PAS ! » Estragon lui confie que parfois il envisage qu'ils se séparent, mais Vladimir le retient : « Tu n'irais pas loin. » Estragon calme peu à peu Vladimir et veut l'inciter à raconter l'histoire de « l'Anglais au bordel ». Cependant, cette fois, c'est Vladimir qui refuse violemment, même après qu'Estragon a commencé le récit pour l'encourager à pour-suivre. Devant le mutisme de son compère, Estragon présente ses excuses et c'est lui qui va pour l'embrasser. Vladimir « *se raidit* » mais finit par accepter l'étreinte. Puis Estragon re-prend son attitude de départ en concluant : « Tu pues l'ail ! » Vladimir ne s'en offusque pas et lorsqu'il lui demande « qu'est-ce qu'on fait maintenant ? », Estragon lui propose alors de se pendre tous les deux. Ils ne le font pas parce que les branches de l'arbre sont trop fragiles et qu'aucun des deux ne veut se retrouver seul après que le premier se sera pendu : « Ne faisons rien. C'est plus prudent. » (Estragon) Ils conversent à nouveau sur Godot et imaginent ce qu'il pourrait bien leur dire. Lorsqu'ils entendent un bruit, la conversation stoppe immé-diatement. Estragon a faim et Vladimir lui propose une ca-rotte, il cherche dans son sac mais confond la carotte avec un navet. Estragon se plaint, le lui rend et prend la carotte. Vla-dimir le prévient que c'est la dernière : « Fais-la durer, il n'y en a plus. » Ensuite le sujet revient sur Godot. Lorsqu'à nou-veau « *Un cri terrible retentit, tout proche* ». Les deux prota-gonistes courent se cacher dans les coulisses l'un contre l'autre. C'est à ce moment qu'apparaissent deux autres per-sonnages : Pozzo et Lucky. Ils vont tromper l'ennui d'Estra-gon et de Vladimir. Les didascalies présentent Pozzo avec un fouet qui exerce sa domination sur Lucky dont le cou est en-touré d'une corde et qui « *porte une lourde valise, un siège*

pliant, un panier à provisions et un manteau (sur le bras) ».
C'est Pozzo qui dirige Lucky tel un animal : « Plus vite ! »
ordonne Pozzo, « Arrière ! ». Estragon et Vladimir hésitent à
secourir Lucky. Vladimir fait un geste pour sortir, mais « *Estragon le retient par la manche* ». Sur ce Pozzo s'adresse à
eux et les prévient que Lucky est « méchant [...] avec les
étrangers. ». Estragon confond Pozzo et Godot. Vladimir
tente de le raisonner, mais tous deux ne reconnaissent pas
l'identité de Pozzo : « C'est Pozzo ou Bozzo ? » (Vladimir).
Estragon se défend prétextant qu'ils ne « sont pas d'ici »,
mais Pozzo leur fait remarquer qu'ils sont « bien des êtres
humains cependant ». Pozzo enlève et remet ses lunettes puis
rit : « De la même espèce que Pozzo ! D'origine divine ! » Il
leur demande qui est Godot, puis très vite rompt le sujet de
conversation et tire sur la corde de Lucky pour le réveiller.
Lorsqu'il s'adresse à Vladimir et Estragon, il ponctue cha-
cune de ses phrases par un ordre donné à Lucky. Pozzo souhaite tenir compagnie quelque temps aux deux protagonistes.
Il se met à boire et à manger « *son poulet avec voracité* »
tandis que Vladimir et Estragon observent Lucky. Ils s'inter-
rogent sur sa fatigue et sur ce qui le motive à continuer de
porter les bagages plutôt que de les poser par terre. Ils dé-
taillent son visage : « Pour moi, il est en train de crever »
(Estragon). Puis ils délaissent Lucky. Estragon demande « *ti-
midement* » à Pozzo s'il peut prendre les os du poulet. Pozzo
n'y voit pas d'inconvénient mais lui suggère de demander à
Lucky, car c'est lui qui les mange d'habitude. Estragon y va
mais Lucky ne répond qu'à l'ordre de Pozzo : « On te parle,
porc. Réponds. » Vladimir s'insurge contre Pozzo et sa ma-
nière de traiter Lucky de cette façon. Pozzo fait mine de partir
mais continue de leur parler de leur âge tout en fumant sa pipe
et souhaite se rasseoir « avec naturel » maintenant qu'il s'est
mis debout. Estragon a finit les os et Vladimir demande à ce

qu'ils partent tous les deux : « Partons ». Estragon ne veut pas, Vladimir insiste. Pozzo les incite à rester : « Vous ne le regretterez pas. » Estragon, séduit, reste. Vladimir s'en va mais Pozzo le retient en évoquant Godot. Vladimir lui demande alors pourquoi Lucky ne dépose pas ses bagages. Pozzo accepte de répondre mais en s'assurant à trois reprises qu'il a un public attentif : « Tout le monde y est ? », « Tout le monde me regarde ? », « Tout le monde est prêt ? ». Il répond ensuite que c'est parce que Lucky appréhende qu'il ne se sépare de lui et cherche donc à se mettre en valeur pour que Pozzo le garde à son service. C'est à ce moment qu'Estragon et Vladimir se rendent compte des problèmes de relation qui existent entre Lucky et Pozzo. Ce dernier veut le vendre au marché de Saint-Sauveur. En entendant cela, Lucky se met à pleurer. Estragon veut le consoler et Pozzo lui tend un mouchoir. Estragon hésite, Vladimir s'approche pour y aller à sa place mais Estragon refuse. Il y va mais Lucky « *lui décoche un violent coup de pieds dans les tibias* ». Vladimir s'inquiète pour Estragon et va vérifier l'état de sa jambe. Sur ce, Lucky a arrêté de pleurer. Pozzo leur révèle que Lucky est un « knouk » et explique : « Autrefois on avait des bouffons. Maintenant on a des knouks. » Vladimir s'insurge contre Pozzo qui abandonne un fidèle serviteur comme Lucky. Estragon en fait de même. Puis la situation s'inverse, Pozzo se plaint et Estragon et Vladimir s'insurgent alors contre Lucky qu'on accuse de torturer psychologiquement Pozzo. Estragon, Vladimir et Pozzo se réjouissent de la soirée qu'ils passent. Puis Vladimir s'impatiente que la nuit tombe. Pour remédier à l'ennui ambiant, Pozzo fait appel à Lucky pour qu'il danse, chante ou pense. Vladimir propose qu'il pense tandis qu'Estragon aimerait qu'il danse parce qu'il trouve cela plus divertissant. Par conséquent ils le font danser puis penser. Mais Lucky danse très peu. Tous trois ne se rendent compte que plus tard que Lucky a déposé ses bagages pour danser. Afin qu'il pense, Vladimir va mettre le chapeau sur la tête de Lucky. La démarche fonctionne. Lucky entame un très grand monologue dans lequel il ne met aucune tonalité, aucune ponctuation n'apparait. Le propos, décousu, n'a aucun sens. Il parle de l'existence, de la ville, de la nature, et ne peut plus s'arrêter. Au départ les didascalies indiquent qu'Estragon et Vladimir sont attentifs, presqu'impressionnés tandis que Pozzo ressent du « *dégoût* ». Plus le monologue s'étend, plus Pozzo s'agite. Estragon et Vladimir « *murmurent* », puis « *reprennent l'écoute* » mais finissent par s'emporter et crier. Pozzo « *se lève d'un bond, tire sur la corde, trébuche* ». Lucky hurle son texte jusqu'à perdre lui-même le fil. Vladimir lui retire le chapeau et Lucky s'arrête instantanément. Par la suite tous trois tentent de le relever pour que Pozzo puisse partir le vendre. Ils se disent adieu pendant un moment, se félicitant « d'avoir passé le temps ». Lorsque Vladimir et Estragon se retrouvent seuls, une voix surgit, celle d'un jeune garçon qui s'approche. Il est apeuré de les avoir tous vu agir de la sorte, mais Vladimir parvient à le mettre en confiance pour qu'il parle. Le garçon l'appelle Albert, nom auquel répond Vladimir sans se poser de question. Il leur confie un message de la part de Godot : « Qu'il ne viendra pas ce soir, mais sûrement demain. » Vladimir lui parle et de fait le retient encore quelques temps. Le garçon lui répond qu'il garde les chèvres, que son frère, qui garde les brebis, se fait battre par Monsieur Godot mais pas lui, qu'ils dorment tous deux dans le grenier avec le foin. Il ne sait pas répondre lorsque les deux compères lui demandent s'il n'est pas malheureux. Estragon et Vladimir lui disent de rapporter à Monsieur Godot qu'il les a vus. Lorsque le jeune garçon s'en va, la nuit paraît accompagnée de la lune. Ils la contemplent un instant. Puis Estragon laisse sa chaussure et se compare à Jésus. Ils partent s'abriter pour la nuit et pensent au lendemain où ils verront peut-être Godot. Estragon veut apporter une corde pour le lendemain et, après en avoir discuté une dernière fois avec Vladimir, ne veut plus se séparer de lui. « Alors, on y va ? » propose Estragon, « Allons-y », lui répond Vladimir. Mais la dernière didascalie de l'acte premier conclut : « *Ils ne bougent pas.* » « RIDEAU ».

Acte II

Il est beaucoup plus court que le premier. La scène s'ouvre sur le lendemain, au même endroit, à la même heure. Les chaussures d'Estragon et le chapeau de Vladimir sont apparents et l'arbre « *porte quelques feuilles* ». Contrairement à l'acte précédent, Vladimir est le premier à s'agiter sur scène. Il traverse vivement le plateau, voit les chaussures, en renifle une, la remet en place. Puis il se met à chanter :
« Un chien vint dans l'office
Et prit une andouillette.
Alors à coups de louche
Le chef le mit en miettes. »
Même jeu qu'au premier acte, Vladimir s'étonne de voir Estragon puis va vers lui pour l'embrasser. Ce dernier refuse l'étreinte : « Ne me touche pas ! » Il s'avère qu'Estragon s'est fait battre une nouvelle fois et le reproche presque à Vladimir : « Tu m'as laissé partir. » Une fois que Vladimir lui dit qu'il lui a manqué, Estragon finit par donner quelques détails : « Ils étaient dix. » Puis Vladimir tente de lui rappeler qu'ils se trouvent exactement au même endroit que la veille, comme en témoigne l'arbre, mais Estragon ne se souvient de rien. Vladimir suggère plusieurs souvenirs passés, comme le Vaucluse, mais la mémoire d'Estragon est fortement diminuée. Une nouvelle fois, Estragon émet l'idée qu'ils se séparent mais ils n'en font rien. Ils expriment ensuite la raison

27

de leur flot de paroles : « C'est pour ne pas penser », dit Estragon. Ils cherchent des sujets de conversation, des activités et finissent par trouver une solution pour fuir le silence : « Contredisons-nous. » À force de regarder l'arbre, Vladimir remarque qu'il n'était pas feuillu la veille et conclut qu'ils n'étaient finalement pas là. Leur prochaine activité est de trouver ce qu'ils faisaient la veille au soir. C'est à ce moment que le souvenir de Pozzo et Lucky revient à la mémoire de Vladimir. Lorsqu'il se rend compte que les chaussures sont sans doute celles que son compère a retirées la veille, il en parle à Estragon qui refuse l'idée et affirme qu'elles sont à quelqu'un d'autre. Lorsque la tension retombe et que l'ennui les guette, Vladimir propose à son ami un radis, qu'il accepte puis rejette parce qu'il est noir et qu'il « n'aime que les roses ». Ils décident ensuite qu'Estragon essaie les chaussures pour « passer le temps ». Vladimir l'aide. Estragon s'y sent bien puis dit qu'elles sont trop grandes pour lui. Vladimir chante une berceuse pour qu'Estragon s'endorme. Celui-ci se réveille en sursaut, va pour raconter son rêve mais une nouvelle fois Vladimir le coupe : « Non non, ne dis rien. » Puis il fait marcher Estragon le long de la scène. Ce dernier, épuisé par ce simple effort, s'arrête. Au moment où Estragon va pour partir après une légère dispute avec Vladimir qui lui reproche de toujours se plaindre, il aperçoit « le chapeau de Lucky ». S'ensuit un échange de chapeaux : Estragon se retrouve d'abord avec le chapeau de Vladimir, Vladimir celui de Lucky. Nouvel échange, Estragon met le chapeau de Lucky et rend celui de Vladimir qu'il portait. Après trois nouveaux échanges à ne plus savoir qui est le propriétaire du chapeau, Estragon rend son chapeau à Vladimir qui « *le prend et le jette* ». Vladimir propose ensuite un jeu : « On pourrait jouer à Pozzo et Lucky. » Vladimir associe la personnalité de Lucky à la sienne et celle de Pozzo à Estragon. Vladimir lui demande alors de lui crier dessus : « Engueule-moi ! » Estragon l'insulte, lui donne des ordres, puis s'énerve parce qu'il en a assez : « Je m'en vais. » Lorsque Vladimir ne voit plus son compère il pousse un cri désespéré : « Gogo ! » qui résonne au milieu du silence. Estragon réapparaît, au grand soulagement de Vladimir, et lui annonce qu'il était « au bord de la pente » et qu'il a vu que quelqu'un se dirigeait vers eux : « On vient. » Vladimir se réjouit à l'idée que ce soit Godot, mais tous deux sont terrifiés et fuient encore une fois. Ils envisagent d'abord de se cacher derrière l'arbre puis chacun d'un côté de la coulisse. Ils se postent dos à dos. Ne voyant rien venir, Vladimir doute de ce qu'a vu Estragon. À mesure qu'il ne se passe rien, Vladimir et Estragon décide de « s'engueuler » pour passer le temps, puis de se réconcilier. Ils s'embrassent à nouveau. Ils essaient des échauffements, mais se fatiguent immédiatement. Ils décident alors d'imiter l'arbre. C'est à ce moment qu'entrent Pozzo et Lucky. Les didascalies signalent que Pozzo est devenu aveugle et Lucky porte toujours les bagages avec une corde à son cou. Seul le chapeau est nouveau. Vladimir, à l'inverse du premier acte, se réjouit d'avoir de la compagnie : « Déjà le temps coule tout autrement. » Une nouvelle fois, Estragon prend Pozzo pour Godot. Pozzo est à terre, Estragon et Vladimir hésite à l'aider. Estragon propose de lui demander des os de poulet en échange, comme la veille, mais Vladimir veut agir plutôt que réfléchir à une tactique éventuelle : « Faisons quelque chose pendant que l'occasion se présente. » Vladimir fait une longue tirade sur la chance de se rendre utile et fait état de leur situation. Ils discutent toujours lorsque Pozzo s'agite et leur propose de l'argent en échange de leur aide. Estragon l'entend, veut plus, mais Vladimir ne fait pas attention au marché tandis qu'il continue de parler pour agir. Il finit par essayer de relever Pozzo, mais n'y parvient pas seul, il crie à l'aide. Estragon fait mine de partir mais Vladimir le retient lui promettant qu'ils partiront ensemble dans l'Ariège comme le souhaite Estragon. Pozzo pète, Estragon repart, Vladimir se fâche : « Fous le camp. » Estragon se fait pardonner, se penche sur Vladimir, mais tombe. Une fois par terre, il s'y sent bien. Pozzo ne les reconnaît pas. Puis lorsque Vladimir et Estragon essaient de s'endormir, Pozzo crie : « Au secours. » Estragon se met en colère, demande à Vladimir de lui « casser la gueule ». Ironiquement, c'est Vladimir qui demande à Pozzo de se taire. Allongé par terre, Estragon s'amuse à appeler Pozzo par d'autres noms pour voir s'il répond à « Abel » et « Caïn ». Chaque fois, Pozzo demande de l'aide. Puis Vladimir et Estragon s'occupent à contempler le ciel. Ils envisagent ensuite de se lever pour s'occuper autrement. Une fois debout, ils se décident à secourir Pozzo. Pozzo leur demande l'heure ; il ne veut pas les quitter. Chacun cherche à se repérer dans le temps pour répondre. Ensuite Vladimir fait parler Pozzo et ils se demandent où ils se trouvent exactement. Pozzo propose « la Planche », mais lorsque Vladimir lui décrit ce qu'il voit Pozzo en conclut que ce n'est pas la Planche. Pozzo cherche alors son « domestique ». On envoie Estragon le chercher au cas où dans sa chute avec Pozzo il se serait blessé. Vladimir rassure son ami et Estragon, revigoré, frappe Lucky pour le réveiller, mais finit par se faire mal tout seul. Lorsque Pozzo appelle son serviteur Lucky, Vladimir lui rappelle qu'ils se sont bien vus hier, mais Pozzo lui répond qu'il ne se souvient de rien d'un jour sur l'autre. Au moment de repartir, Pozzo avoue ce qu'il y a dans la valise : « Du sable. » Vladimir renouvelle une série de questions à son égard pour retarder leur départ. C'est à ce moment qu'on apprend que Lucky est devenu muet. Puis ils s'en vont. Une nouvelle fois, Vladimir prit de solitude réveille Estragon. Ils discutent de leur rencontre avec Pozzo et Lucky. Vladimir fait une longue tirade dans laquelle il se questionne sur ce qu'il gardera en tête de cette journée, sur son existence et la conscience qu'il a d'elle. Puis à la fin de la tirade il oublie ce qu'il vient juste d'énoncer. Entre le garçon du premier acte. Vladimir entame la discussion avec lui et cette fois formule dans ses questions les réponses : « C'est la première fois que tu viens ? », « C'est de la part de Monsieur Godot ? » À présent, Vladimir ne cherche plus les réponses, il se contente de poser des questions « pour passer le temps ». Il se résigne. Il demande des nouvelles du garçon qui lui répond poliment que son frère est malade, que Monsieur Godot a une barbe blanche. Vladimir sursaute et le garçon « *se sauve comme une flèche* ». Estragon se réveille, va vers son compagnon s'enquérir de son état. Vladimir répond qu'ils ne peuvent pas partir parce qu'« il faut revenir demain […] Attendre Godot ». Ils pensent à laisser tomber, puis à se pendre avec une ceinture, à revenir le lendemain avec une corde plus solide. Ils pensent à l'arbre, se demandent si c'est un saule. Épuisé, Estragon avoue : « Je ne peux plus continuer comme ça. » Il formule implicitement l'hypothèse que s'ils se séparent ce serait peut-être plus facile, mais Vladimir repousse l'idée au lendemain, à demi conscient et résigné que tout recommencera sur le même jeu. Vladimir s'adresse une dernière fois à Estragon : « Alors, on y va ? », « Allons-y. » (Estragon), mais la didascalie indique qu' « ils ne bougent pas ». Le rideau tombe.

LES RAISONS
DU SUCCÈS

Les premières représentations reçoivent un accueil mitigé. Les caractéristiques des deux personnages placent la pièce du côté du cirque et du music-hall. C'est d'ailleurs ce que diront Vladimir et Estragon au premier acte : « On se croirait au spectacle », « Au cirque » renchérit Estragon, « Au music-hall » surenchérit Vladimir. Beckett choisit de donner à voir la misère humaine à travers une représentation parfois bouffonne des deux clochards Estragon et Vladimir, ce qui contraste avec la mise en place d'une atmosphère grave à travers les mouvements de désespoir des deux personnages. Le mélange entre des tonalités sombres et plus légères rappelle au public la difficulté à sortir de l'emprise incontestable de la seconde guerre mondiale. Beckett convoque en effet dans cette pièce les souvenirs parfois traumatisants de la guerre. Lorsqu'elle est déclarée, Beckett est en Irlande. Il revient en France et s'engage dans la Résistance contre l'occupation nazie. Il agit, mais le réseau dans lequel il s'engage est dénoncé à la police allemande. Averti par la femme de son ami normalien du nom de Péron, il fuit avec sa femme chez l'écrivain Nathalie Sarraute, puis de 1942 à 1945 dans le Roussillon, dans le sud de la France, « en attendant » que la guerre cesse. *En attendant Godot* porte les séquelles de ces souvenirs encore trop vivants à l'époque de 1950. Lorsque Pozzo et Lucky entrent en scène, ils matérialisent les premiers témoignages des tortures infligées par les kapos dans les camps de concentration. Au moment où Beckett travaille sur cette pièce, les camps et les scènes d'horreur filmés par les libérateurs de Dachau, d'Auschwitz, sont révélés au monde. Un survivant de Mauthausen, où il a côtoyé Alfred Péron, publie deux ouvrages remarquables sur ces ignominies. L'horreur de ces récits contraint à les lire. Si Beckett avait été arrêté, il se serait retrouvé dans le même camp de concentration et n'en aurait certainement pas réchappé. Les relations entre les personnages sont bâties sur ce même lien entre les victimes des nazis, c'est-à-dire que la volonté de protéger l'autre, le sentiment de fraternité, est étroitement attaché à l'irritation ou à la colère qu'inspire l'individu plus faible. Lucky se laisse soumettre à la tyrannie de Pozzo, mais le maître finit par être séduit par son esclave. Les frontières entre soumission et domination sont floues. La victime elle-même blesse l'autre, c'est l'exemple d'Estragon qui reçoit un coup de pied de Lucky lorsqu'il s'approche de lui. C'est aussi le phénomène de dépendance qui existe entre Vladimir et Estragon. Si le premier est souvent rejeté par l'autre, le second est incapable de vivre seul sans se faire battre. La violence et les conflits sont omniprésents dans la pièce, mais ne durent jamais longtemps. Ce sont des éléments ponctuels qui introduisent ce sentiment d'insécurité et de terreur, comme dans cet échange entre Vladimir et Estragon : « Et on ne t'a pas battu ? » / « Si… pas trop. » (début du premier acte).

La pièce est dérangeante, elle bouscule les souvenirs et bouleverse le langage. À l'époque de sa sortie, on parle de la guerre, on s'exprime malgré la difficulté que cela représente, malgré le caractère indicible de l'horreur. Pour Beckett, la parole est ce qui a été sauvé de la guerre. C'est à travers elle que l'homme peut exister et s'affirmer. Le passage chez l'auteur de l'anglais au français se fait aussi dans une volonté d'affirmer une identité. Beckett travaille sur le langage, car c'est lui qui permet aux personnages de garder le contact avec autrui. Les dialogues sont le reflet de l'urgence de communiquer devant un silence menaçant en même temps que l'impossibilité à le faire. À l'image des actions des personnages, les conversations ne progressent pas en ce sens qu'elles reviennent toujours au même point : ils attendent Godot, ils parlent pour « passer le temps ». Beckett dépouille le langage comme il met à nu ses personnages. Il donne à voir ce qui ne peut être dit et fait dire ce qui ne s'entend pas. Son traitement du langage place Beckett dans la lignée des dramaturges de l'absurde tels que Ionesco, Adamov ou Genêt. Le public est fasciné par la transposition que fait Beckett de la guerre dans son théâtre, mais il est dérouté par l'humour noir de la pièce associé à un certain sentimentalisme que suscite la relation très forte et très intime entre Vladimir et Estragon. En d'autres termes, le caractère malsain de la pièce provoque le dégoût de certains et la curiosité des autres. Beckett aborde des sujets tabous que l'on a l'habitude de taire dans les années cinquante. Citons par exemple l'ambiguïté des rapports entre les deux couples d'hommes ou encore l'association de la sexualité à la mort lorsque Vladimir et Estragon veulent se pendre parce qu'ils pensent que « ce serait un moyen de bander » (Vladimir) au premier acte. Autre sujet dont on répugne à parler : la mendicité et l'atteinte portée à la dignité de l'homme par l'ensemble de la société : « Traiter un homme (*geste vers Lucky*) de cette façon… je trouve ça… un être humain… non… ; c'est une honte ! » crie Vladimir « *résolu et bafouillant* ». Autre exemple, la réplique de Pozzo : « Les vieux chiens ont plus de dignité. » Pozzo est aveugle après avoir rencontré sur la route Vladimir et Estragon. Le contact avec une société l'a mutilé, de même pour Lucky qui devient muet. Face à leur handicap les deux clochards hésitent à lui porter secours et témoignent ainsi des effets pervers de la société.

Cependant, dans l'ensemble, les premières critiques sont enthousiastes, on compte quelques admirateurs comme Anouilh ou Robbe-Grillet, mais les partisans du classicisme sont décontenancés par ce bousculement des codes de la tragédie aidé par la progression du cinéma. Néanmoins, très vite, l'audience s'élargit et la pièce se produit à guichets fermés. L'œuvre influence avant tout la vie de l'auteur qui change radicalement après ce succès. C'est pour Beckett la fin de l'anonymat et le début de sa réussite littéraire et financière. La pièce, représentée dans différents pays, montre qu'*En attendant Godot* conduit à « réexaminer les règles qui ont jusqu'alors gouverné le théâtre et, cela fait, à décréter qu'elles ne sont pas assez élastiques » (Kenneth Tynan).

LES THÈMES
PRINCIPAUX

Dans cette pièce de théâtre, les souffrances individuelles représentent les problèmes qui assaillent l'homme et la condition humaine. *En attendant Godot* montre des personnages qui ne savent pas quoi faire, c'est-à-dire dont la principale difficulté est de vivre. La pièce s'articule autour de deux plans qui se superposent : le quotidien le plus concret bascule dans une interprétation métaphysique de l'homme qui trouve son existence absurde. Vladimir voit Estragon impuissant à retirer sa chaussure, la première réplique d'Estragon donne le ton de toute la pièce : « Rien à faire. » Les didascalies du « *silence* » apparaissent quarante sept fois dans l'acte premier, cinquante sept fois dans l'acte deuxième ; en d'autres termes, il gagne du terrain. Ces didascalies contrastent avec le caractère clownesque des personnages : ils oublient les événements les plus récents, se disputent pour une carotte ou un navet, et par des procédés d'analogie Estragon passe de ses pieds meurtris à la souffrance du Christ sur le chemin de croix dans l'acte premier : « Mais tu ne peux pas y aller pieds nus. » fait remarquer Vladimir et Estragon répond : « Jésus l'a fait » ; de même, Vladimir associe Godot à Dieu qui les sauvera à son arrivée à travers son récit des deux larrons au même acte : « Le Sauveur. Deux voleurs. On dit que l'un fut sauvé et l'autre… (*Il cherche le contraire de sauvé*)… damné. » Ce réseau de double sens conduit aux quiproquos entre les personnages qui finissent par perdre le sens de leurs mots. Leurs vêtements sont crasseux, ils portent des chapeaux melon qui ne leur vont pas, leurs conversations sont discontinues, sans cesse interrompues par les silences ou les temps de réflexion qui rompent toute logique argumentative ; par exemple, à l'acte deuxième, Vladimir tente de reprendre la conversation après avoir essayé de chanter et penser ; ils réfléchissent puis Vladimir rompt une nouvelle fois le silence : « Qu'est-ce que je disais ? On pourrait reprendre là. » / « Quand ? » (Estragon) / « Tout à fait au début. » (Vladimir) / « Au début de quoi ? » (Estragon) / « Ce soir. Je disais… je disais… » (Vladimir).

Leurs échanges sont décousus pour montrer que la communication devient de plus en plus difficile. D'une part, la parole se raréfie : « Voyons » est une réplique reprise trois fois de suite au deuxième acte où Vladimir et Estragon ne prononcent que ce mot. À l'inverse, vers la fin des deux actes, Lucky et Vladimir se lancent dans un long monologue. Chez Lucky, on assiste à une véritable prolifération de mots et de répétitions qui mis bout à bout perdent toute signification. Lucky s'emballe et retombe dans l'aphasie. Chez Vladimir, c'est plus nuancé, le discours se veut convaincant, il tente de produire du sens : « Ne perdons pas notre temps en vains discours. » explique-t-il à Estragon pour que ce dernier l'aide à relever Pozzo qui est tombé. Les accessoires accentuent le rôle du langage et participent ainsi à rendre les personnages physiquement burlesques : la pipe de Pozzo, la scène de l'échange de chapeaux, « *tout cela dans un mouvement vif* », ou encore le chapeau melon que Vladimir tend à Lucky pour qu'il « pense » (acte premier), les ridiculisent ; deux clochards en chapeaux melon font sourire, mais lorsque le chapeau devient symbolique, le ton comique s'assombrit. En effet, sans chapeau il leur est impossible de penser et, dans le cas de Lucky, c'est même l'impossibilité de parler, car il retombe dans l'aphasie lorsqu'on lui retire le chapeau.

C'est à ce moment que la situation devient bouffonesque, burlesque, parce qu'elle s'alourdit. C'est exactement ce qui se passe lorsqu'au premier acte Estragon et Vladimir veulent se pendre. Au départ, ils envisagent la pendaison pour « bander » ce qui entraîne le rire. Le rapport entre la mort et la sexualité prend alors deux couleurs : une couleur bouffonne, le public se dit que ce sont deux idiots, et une couleur empreinte de tristesse face à leur profond désespoir. Cette crise profonde ne se matérialise pas dans la mort en tant que telle, mais dans leur incapacité à passer à l'acte parce qu'ils sont terrifiés à l'idée de se retrouver seul. Le thème du salut est étroitement lié avec le thème du sentiment d'abandon : « On n'est pas liés ? » (Estragon). Estragon et Vladimir se sentent abandonnés par Godot qui ne vient jamais et de ce fait s'infligent l'un l'autre la menace de se quitter : « Je m'en vais. » Estragon le dit souvent. À la fin du deuxième acte, lorsque Vladimir perd soudainement de vue Estragon après qu'il lui a dit cela, il panique et hurle « Gogo ! », « *dans un cri déchirant* ». Ce sentiment de manque est exprimé tout au long de la pièce. Tout d'abord le lieu même où se déroule l'action est « *une route de campagne* » abandonnée, déserte ; de plus, l'acte premier s'ouvre sur les retrouvailles d'Estragon et de Vladimir : « Je suis content de te revoir. Je te croyais parti pour toujours » (Vladimir). À l'acte deuxième, Estragon lui reproche de l'avoir laissé pour la nuit : « Tu m'as laissé partir », puis plus loin Vladimir lui avoue : « Tu me manquais. » Vladimir insiste pour qu'Estragon lui dise qu'il a besoin de lui, pour se sentir utile et ne pas se laisser envahir par ce sentiment de manque et la peur viscérale de ne pas exister : « Toi aussi tu dois être content ? » (Vladimir), lorsqu'Estragon lui demande « Content de quoi ? », Vladimir répond : « De m'avoir retrouvé », mais Estragon ne dit pas ce qu'il attend alors Vladimir persiste : « Dis-le, même si ce n'est pas vrai. » Cette note de désespoir, on la retrouve également chez Pozzo et Lucky qui en définitive ne se séparent pas. L'attachement qui unit Vladimir et Estragon est matérialisé chez Pozzo et Lucky par la corde autour du cou de ce dernier. Ils établissent une relation de dépendance physique tandis que Vladimir et Estragon nourrissent une dépendance morale et psychologique.

La perte de mémoire d'Estragon et les rêves qu'il fait perturbent Vladimir qui est angoissé à l'idée que son existence ne soit pas réelle, qu'il ait tout inventé, tout rêvé. Il cherche volontairement des points de repères au risque de se créer lui-même des souvenirs. Il s'acharne à convaincre Estragon au deuxième acte qu'ils étaient au même endroit la veille, qu'ils ont rencontré Pozzo et Lucky et en dernier recours évoque le Vaucluse, un souvenir passé qui vient créer l'illusion d'un repère spatio-temporel. Estragon se fâche : « Le Vaucluse ! Qui te parle du Vaucluse ? », et Vladimir continue d'insérer l'idée dans la mémoire d'Estragon : « Mais tu as bien été dans le Vaucluse ? » Les questions qu'ils se posent entre eux ne sont pas là uniquement pour « passer le temps », c'est aussi un moyen de créer des points de repères, des points de chute et d'inventer des souvenirs. Le sommeil également présent tout au long de la pièce est un élément de dialectique entre l'imaginaire et le réel : Lucky et Estragon s'endorment souvent alors qu'ils sont éveillés et lorsqu'Estragon et Vladimir se quittent à la nuit tombée, cette absence suggère le sommeil. Dans un rapport métaphorique, il est possible d'associer l'aphasie du sommeil à la mort, et le réveil, à la vie. Tous les personnages essaient de vivre dans l'attente et la maladie, c'est-à-dire malgré l'aura menaçante d'une mort qui les inquiète, mais ne vient jamais les soulager ; lors de la rencontre avec Lucky, Estragon et Vladimir l'observent et font une description très rapide de son état : « Il bave » remarque Estragon, « il écume » dit-il à nouveau, ce qui permet de penser que Lucky est malade. Vladimir remarque que ses yeux « sortent » et Estragon conclut alors : « Pour moi, il est en train de crever. » Ils lui adressent alors la parole pour essayer, en vain, de le ranimer.

Cependant, les inspirations tragiques sont aussitôt détournées par la dérision. Les soliloques de Lucky et Pozzo en sont l'exemple. Néanmoins, le jeu du dramaturge avec le langage permet d'inscrire quelques passages lyriques dans un théâtre qui met en avant les thèmes les plus triviaux : « Qui a pété ? » demande Estragon au moment où il va secourir Vladimir qui est parti aider Pozzo (acte deuxième), Estragon fait remarquer à Vladimir au début du deuxième acte « tu pisses mieux quand je ne suis pas là », sans compter les scènes de repas dans les deux actes. Vladimir propose des carottes, des navets et des radis à Estragon, Pozzo boit et mange du poulet tandis qu'Estragon récupère les os. Le caractère trivial de la scène est altéré par l'écho à la Cène dans la Bible, le dernier repas que Jésus partage avec ses apôtres et pendant lequel il annonce qu'il y aura un traître. Godot, en effet, ne viendra pas et c'est un jeune garçon qu'il enverra à la fin des deux actes pour l'annoncer. Mais il n'apporte pas de réponse définitive, l'arrivée est simplement remise à plus tard, intensifiant chaque fois un peu plus l'attente des personnages et laissant la pièce, tout comme ses protagonistes, en suspend, nourrissant l'espoir d'un salut et instaurant par la même occasion un cercle dépressif chez les deux hommes. C'est aussi bien un ressort théâtral technique qu'un élément métaphysique de la pièce : le manque sera-t-il comblé ? Le dramaturge n'apporte pas de réponses à cette question. Dans une lettre à Michel Polac en janvier 1952, Beckett explique : « Je ne sais pas qui est Godot. Je ne sais même pas, surtout pas, s'il existe. » Pour ne pas rendre la portée philosophique palpable, l'angoisse de l'existence est exprimée à travers le rire, mais aussi à travers un certain lyrisme. Les didascalies qui ponctuent la tirade de Pozzo sur le firmament parodient le style lyrique et oratoire ainsi que le ton emphatique qui l'accompagne : « *Ton à nouveau lyrique* », « *pause dramatique* », « *geste des deux mains* », « *il lève les yeux au ciel* ». C'est une forme de prière à la limite de la caricature. De même, le soliloque de Lucky est une parodie de l'éloquence rhétorique. En revanche, Estragon et Vladimir se lancent à l'acte deuxième dans un échange emprunt de poésie dont l'effet n'est pas parodique. S'il est comique, le rire se fait plus doux et la tonalité, plus triste :

« Estragon. : – De feuilles.
Silence
Vladimir. – Elles parlent toutes en même temps.
[…]
Vladimir. – Plutôt elles chuchotent.
Estragon. – Elles murmurent.
Vladimir. – Elles bruissent.
Estragon.– Elles murmurent.
[…]
Silence
Vladimir. – Ça fait comme un bruit de plumes.
Estragon. – De feuilles.
Vladimir. – De cendres. »

Cette rupture avec le genre théâtral met en évidence le caractère insolite de la situation et paradoxalement accentue la théâtralité de la pièce par différence avec les autres genres. On remarque également des situations de mise en abîme à travers les mouvements de scène que font Estragon et Vladimir, comme à l'acte premier après s'être extasié d'avoir passé un bon moment en compagnie de Pozzo et Lucky. En effet, lorsque Vladimir se dirige vers la coulisse, Estragon lui indique le chemin comme s'il se rendait aux toilettes : « Au fond du couloir, à gauche », puis Vladimir lui demande : « Garde ma place » et sort. Les comédiens, après avoir parlé de « spectacle », deviennent eux-mêmes des spectateurs installés au théâtre. Au moment où Pozzo demande à Estragon s'il s'ennuie, celui-ci répond : « Plutôt », et lorsque Pozzo s'adresse à Vladimir, celui-ci répond : « Ce n'est pas folichon. » À ce stade de la pièce, les sentiments des spectateurs sont pris en compte de façon détournée, on s'adresse à eux, les scènes font naître des questions et le dramaturge sollicite indirectement leur avis. Cette mise à distance crée une complicité avec le spectateur, et insiste sur une possible réflexion à propos de l'aspect étranger et dérisoire de la vie. L'incongruité d'*En attendant Godot* rend possible une prise de conscience politique de la société et du lien que l'on entretient avec elle.

ÉTUDE DU MOUVEMENT LITTÉRAIRE

Les œuvres de Samuel Beckett s'inscrivent dans ce que l'on appelle à partir des années 1950 le théâtre de l'absurde. C'est le critique Martin Esslin qui baptise ce mouvement artistique révolutionnaire et le définit comme « l'absurdité foncière de la condition humaine ». Cette forme de théâtre remet en question les formes traditionnelles, les vérités établies, mais aussi le langage lui-même.

Le lexique et la syntaxe se distinguent par leur simplicité, mais les bourgeois les taxent de clichés, d'expressions galvaudées. Les dialogues des dramaturges tournent à la parodie, les propos les plus extravagants se tiennent aux moments les plus insolites. Les pièces empruntent les calembours et les personnages de bouffonnerie pour donner au texte une dimension comique, des scènes pleines d'humour mais dont le but est de forcer la réflexion. Cette nouvelle génération d'auteurs fait sensation sur la scène théâtrale grâce à des auteurs d'avant-garde tels que Ionesco, Beckett ou encore Jean Genêt. Ces dramaturges travaillent sur le refus de la réalité. Durant la première guerre mondiale, ce sont les dadaïstes qui se proposent de choquer la bourgeoisie par des récits fantasques ou une poésie fantaisiste. Sur le plan musical, Stravinsky met au goût du jour des sonorités hardies, empreintes d'une nouvelle vigueur. En poésie, les postsymbolistes scandent les vers libres sur des mesures occultes ou arithmétiques. Puis, les cubistes et les peintres abstraits investissent le monde des arts visuels et ne représentent plus la réalité telle qu'on la voit, mais telle qu'ils la sentent. Les dramaturges de l'absurde évoluent dans un environnement artistique en rupture avec la réalité. Imagination, création, subtilité sont les maîtres mots de leur engagement.

Ces auteurs de l'absurde reconnaissent qu'Antonin Artaud a été le prédécesseur qui leur a ouvert la voie à tous. Bien qu'il n'ait jamais été reconnu de son vivant (1896-1948), il consacre toute sa vie à la création d'un théâtre bâti sur des mythes, des symboles et une gestuelle. Il a l'ambition d'assainir la scène de sa lourdeur victorienne. Il prône les effets sonores nouveaux, les jeux de lumières stroboscopiques, les masques, les séquences de rêves d'une étrangeté inquiétante et les fantasmes destructeurs. Il souhaite créer une forme de délire qui soit communicative. De nos jours, on le cite comme le père du théâtre de la cruauté. Ses pièces ont souvent un rapport au sang et se situent au bord de la folie.

Sur ce modèle, on retrouve Ionesco qui met en scène dans *La Cantatrice chauve* deux époux ordinaires qui se parlent sans communiquer. Ils perdent leur identité progressivement et débitent des platitudes de plus en plus grotesques. Le théâtre de l'absurde fut lancé grâce à la représentation de ce drame comique qui traite simultanément de tout et de rien.

Trois ans après l'apparition de Ionesco surgit Beckett. Il crée lui aussi un nouveau style de fiction, pessimiste, fait de monologues intérieurs statiques, verbeux, présentés par des personnages malheureux, désespérés, des « rebuts de la société ». *En attendant Godot* expose une déchéance progressive visible sur scène. Genêt propose une conception de l'absurde qui restaure le mythe, le fantastique et le mystère. C'est pourquoi un lien peut être établi entre le personnage absent de Godot et Dieu (God en anglais), la pièce entretenant une relation de mythe avec la Bible dont le caractère sacré est bafoué à mesure que le nom de Godot est écorché.

Les pièces de Genêt exhibent une haine certaine pour la société, que l'on retrouve en filigrane chez chaque auteur, mais avec plus ou moins d'intensité. Adamov met en place une mécanisation des personnages, tout comme chez Ionesco, la destruction est imminente mais ne prend place généralement que dans les coulisses, augmentant l'inquiétude du spectateur. On traite de l'absurde comme une quête sans espoir du sens de la vie. L'humour noir est un trait caractéristique de ce théâtre au croisement des dimensions comiques et tragiques ; on valorise la démence pour la déplorer ensuite. L'ambiance joyeuse des pièces s'assombrit très vite par un climat de violentes tensions entre les personnages ou dans leur rapport à la société, la polis au sens grec de cité, de peuple.

Les dramaturges tels que Ionesco ou encore Adamov posent les questions existentielles que le public formule dans l'intimité, soit, pour reprendre les mots de Beckett dans sa nouvelle qui s'intitule « Compagnie », lorsqu'il est « seul dans le noir ». Le théâtre absurde propose des questions métaphysiques qui expérimentent la vacuité de la réalité et de sa propre existence.

Chez Beckett, on retrouve également certaines caractéristiques des surréalistes : les soliloques des personnages sont parfois proches de l'écriture automatique ou de la « pensée automatique » dans laquelle les images surgissent sans lien. Samuel Beckett pour ne citer que lui démystifie les discours universitaires, les envolées théâtrales, mais aussi les longs discours politiques qui ont participé à la montée au pouvoir des nazis, une communication à travers un langage de propagande. Il cultive une parole solitaire qui finit par mourir chez des personnages comme Lucky (il devient muet), car le rapport aux autres chez Beckett est une source de souffrance, mais aussi une échappatoire à la damnation. Souvent, dans le théâtre de l'absurde, le langage est maltraité, torturé, parce qu'il reflète le rapport difficile à l'autre exposé brutalement par les temps de guerre.

DANS LA MÊME COLLECTION
(par ordre alphabétique)

- **Chateaubriand**, *Atala*
- **Chateaubriand**, *René*
- **Chrétien de Troyes**, *Perceval*
- **Cocteau**, *Les Enfants terribles*
- **Colette**, *Le Blé en herbe*
- **Corneille**, *Le Cid*
- **Crébillon fils**, *Les Égarements du cœur et de l'esprit*
- **Defoe**, *Robinson Crusoé*
- **Dickens**, *Oliver Twist*
- **Du Bellay**, *Les Regrets*
- **Dumas**, *Henri III et sa cour*
- **Duras**, *L'Amant*
- **Duras**, *La Pluie d'été*
- **Duras**, *Un barrage contre le Pacifique*
- **Flaubert**, *Bouvard et Pécuchet*
- **Flaubert**, *L'Éducation sentimentale*
- **Flaubert**, *Madame Bovary*
- **Flaubert**, *Salammbô*
- **Gary**, *La Vie devant soi*
- **Giraudoux**, *Électre*
- **Giraudoux**, *La Guerre de Troie n'aura pas lieu*
- **Gogol**, *Le Mariage*
- **Homère**, *L'Odyssée*
- **Hugo**, *Hernani*
- **Hugo**, *Les Misérables*
- **Hugo**, *Notre-Dame de Paris*
- **Huxley**, *Le Meilleur des mondes*
- **Jaccottet**, *À la lumière d'hiver*
- **James**, *Une vie à Londres*
- **Jarry**, *Ubu roi*
- **Kafka**, *La Métamorphose*
- **Kerouac**, *Sur la route*
- **Kessel**, *Le Lion*

- **La Fayette**, *La Princesse de Clèves*
- **Le Clézio**, *Mondo et autres histoires*
- **Levi**, *Si c'est un homme*
- **London**, *Croc-Blanc*
- **London**, *L'Appel de la forêt*
- **Maupassant**, *Boule de suif*
- **Maupassant**, *Le Horla*
- **Maupassant**, *Une vie*
- **Molière**, *Amphitryon*
- **Molière**, *Dom Juan*
- **Molière**, *L'Avare*
- **Molière**, *Le Malade imaginaire*
- **Molière**, *Le Tartuffe*
- **Molière**, *Les Fourberies de Scapin*
- **Musset**, *Les Caprices de Marianne*
- **Musset**, *Lorenzaccio*
- **Musset**, *On ne badine pas avec l'amour*
- **Perec**, *La Disparition*
- **Perec**, *Les Choses*
- **Perrault**, *Contes*
- **Prévert**, *Paroles*
- **Prévost**, *Manon Lescaut*
- **Proust**, *À l'ombre des jeunes filles en fleurs*
- **Proust**, *Albertine disparue*
- **Proust**, *Du côté de chez Swann*
- **Proust**, *Le Côté de Guermantes*
- **Proust**, *Le Temps retrouvé*
- **Proust**, *Sodome et Gomorrhe*
- **Proust**, *Un amour de Swann*
- **Queneau**, *Exercices de style*
- **Quignard**, *Tous les matins du monde*
- **Rabelais**, *Gargantua*
- **Rabelais**, *Pantagruel*

- **Racine**, *Andromaque*
- **Racine**, *Bérénice*
- **Racine**, *Britannicus*
- **Racine**, *Phèdre*
- **Renard**, *Poil de carotte*
- **Rimbaud**, *Une saison en enfer*
- **Sagan**, *Bonjour tristesse*
- **Saint-Exupéry**, *Le Petit Prince*
- **Sarraute**, *Enfance*
- **Sarraute**, *Tropismes*
- **Sartre**, *Huis clos*
- **Sartre**, *La Nausée*
- **Senghor**, *La Belle histoire de Leuk-le-lièvre*
- **Shakespeare**, *Roméo et Juliette*
- **Steinbeck**, *Les Raisins de la colère*
- **Stendhal**, *La Chartreuse de Parme*
- **Stendhal**, *Le Rouge et le Noir*
- **Verlaine**, *Romances sans paroles*
- **Verne**, *Une ville flottante*
- **Verne**, *Voyage au centre de la Terre*
- **Vian**, *J'irai cracher sur vos tombes*
- **Vian**, *L'Arrache-cœur*
- **Vian**, *L'Écume des jours*
- **Voltaire**, *Candide*
- **Voltaire**, *Micromégas*
- **Zola**, *Au Bonheur des Dames*
- **Zola**, *Germinal*
- **Zola**, *L'Argent*
- **Zola**, *L'Assommoir*
- **Zola**, *La Bête humaine*
- **Zola**, *Nana*
- **Zola**, *Pot-Bouille*

CPSIA information can be obtained
at www.ICGtesting.com
Printed in the USA
LVHW012358160120
643834LV00003B/52